FACULTÉ DE DROIT DE TOULOUSE.

ACTE PUBLIC

POUR

LA LICENCE.

TOULOUSE,
Imprimerie BAYRET et Cie, rue Peyras, 12.

A MON PÈRE, A MA MÈRE.

A MON FRÈRE.

ACTE PUBLIC

POUR

LA LICENCE,

SOUTENU EN EXÉCUTION DE L'ARTICLE 4, TITRE 2, DE LA LOI DU 22 VENTÔSE AN XII,

Par M. BAZIN (Hermann),

NÉ A VALENCE (GERS).

JUS ROMANUM.

INST. JUST. LIB. II, TIT. XIX.

De heredum qualitate et differentiâ.

Distingui possent in primo ordine heredes testamentarii aut ab intestato ; sed cùm in hoc titulo maximè apparet inter heredes differentia, de modo acquisitionis tacitæ aut aditionis hereditatis, hæc differentia quasi supervacua recedere potest, ut admittetur, secundùm nostrum titulum, divisio heredum necessariorum, suorum, extraneorum.

1° Heredes necessarii. — Dicitur necessarius heres servus à domino institutus qui vitare vult maculam suam memoriam affecturam, si non solvendo relictâ hereditate, cùm creditores illius bonorum venditionem persequi possent, et imponit suam hereditatem servo suo qui unà libertatem obtinet.

Sed ut necessarius sit heres ille servus, oportet servum esse testatoris, tempore confecti testamenti et morte testatoris. Itaque, si alienatus fuerit, vivo testatore, heres erit, sed voluntate novi domini; nàm dùm permanet institutio non revocata à novo testamento, ademptum fuit legatum libertatis. Si manumissus fuit servus hereditatem consequetur, si vult, liberâ aditione. Si sub conditione manumittitur servus et purè institutus, fit quoque sub conditione institutio.

Ad solvendos creditores possidebatur peculium servi instituti cum aliis bonis defuncti, et hoc onus depellere non poterat servus. Sed ad sibi servandas novas adquisitiones post mortem, à prætore petere debet servus beneficium separationis quod à fortiori adquisitiones post contractionem bonorum defuncti intactas omittebat. Imò, hoc beneficio servus consequi poterat sua nomina contrà defunctum, post mortem nata.

2° Heredes sui et necessarii. — Dicuntur heredes sui et necessarii qui primo ordine sub potestate erant defuncti et post mortem sui juris fiunt. Indè certum est suos et necessarios heredes non esse, à filiâ natos ortos, filios emancipatos aut in adoptione datos.

Sed oritur hæc quæstio : cur dicuntur heredes sui ? Quamvis plures disputationes ortæ sint in hâc quæstione, nobis videtur dictos esse tali modo, quia, vel vivo patre, ejus nati primo ordine, jàm possessionem bonorum hereditatis paternæ tenere habentur; et cùm heredes fiunt, magis retinere quàm obtinere bona videntur. Ut dicit Paulus, filiifamilias percipere non videntur hereditatem, sed magis liberam patris bonorum administrationem; itaque, ex consequentiâ, parùm refert ut sint sui et necessarii heredes, an instituti aut ab intestato heredes sint.

Dicuntur necessarii, quia, ut servi, hereditatem depellere non possunt; itaque impubes, sine auctoritate tutoris, furiosus sine curatore, heredes fiunt.

Animadvertendum est, heredes suos esse, qui non sunt in potestate testatoris tempore confecti testamenti, vel cùm eorum institutio est pura.

— 3 —

Si non luerosa est hereditas, quamvis necessarii heredes, illi se abstinere possunt, vel sine petitione speciali, sicut quoad beneficium separationis attinet. Hoc modo nulla habebant creditores jura in bonis heredum : sed cùm nunquàm amittebant civilem titulum, si superesset aliquid bonorum, illud obtinebant, soluto ære alieno. Hoc beneficium servavit Justinianus, sed tres annos concessit heredibus ad repetenda bona de quibus sese abstinuerunt. Post immiscionem restitutionem integram obtinebant, si impuberes essent.

3° *Heredes extranei.* — Extranei sunt heredes qui non sunt in potestate testatoris, et inter eos connumeratur filius emancipatus aut in adoptione datus Hereditas illis advenit si voluntatem manifestant accipiendi. Itaque insani extranei hereditatem recipere non possunt, et pupillus, nisi auctoritate tutoris; itaque repudiare extraneus potest hereditatem nudà voluntate.

Cùm capaces esse debent heredes extranei ad suscipiendam hereditatem quæ illis non advenit invita, quærendum est quibus temporibus debet esse illis jus accipiendi, id est factio passiva testamenti dicta. Jus habere debet heres institutus, tempore confecti testamenti, quia olìm hoc momento transmittebatur hereditas mancipatione; capax quoque esse debet morte testatoris, si pura est institutio, et tempore conditionis, si sub conditione est; et manere debet sine interruptione ex hoc tempore usque ad aditionem hereditatis, id est adquisitionem manifestam emolumenti successionis.

Olim erat aditio hereditatis cum cretione dicta, quæ centum dies tribuebat heredi ad cernendas vires hereditarias, qui modò oriebantur ex morte testatoris, modo ex die quo heres scivit delatam sibi esse hereditatem. Hæc aditio fiebat solemnibus verbis, et de illà uti poterat heres, solùm quùm hanc facultatem tribuerat testator in testamento. Sed mox, quùm hæc aditio pluria incommoda trahebat et non generalis erat, recedere e cœpit voluntate prætoris qui jus deliberandi omnibus tribuit intrà certum tempus, et tandem ablata fuit om ninò Arcadii et Theodosiani constitutione.

Aditio hereditatis facta irrevocabilis erat, nisi tamen minor fuerit viginti quinque annis heres, Adriani speciali beneficio, aut miles, Gordiani voluntate, cùm post aditionem, grande æs alienum inveniebatur. Ad vitanda hæc incommoda, ut sit maximè libera voluntas adeuntis, constitui beneficium inventarii Justinianus, quo inspectà vi hæreditatis et instrumento præcisà, aditio fieri potest hereditatis, ità ut, intrà facultates hereditarias consequentur heredem successionis heredes.

Tacita aut manifesta est aditio. Tacita, si heres pro herede agit et ut dominus suæ rei; manifesta, verbis aut scripto. Sed in illis duobus casibus, supervacua erit aditio si, antèquàm delata fuit hereditas, facta sit, aut post delatam, sed ignorante herede, aut dubitante de delatione.

CODE NAPOLÉON.

DE LA PRESCRIPTION (Liv. iii. Tit. xx.)

Dispositions générales : des causes qui empêchent, interrompent ou suspendent le cours de la Prescription.
(chap. 1, 3 et 4 et 2264.)

CHAPITRE PREMIER.

Dispositions générales. — Fondement et objet de la Prescription.

Le premier qui, ayant enclos un terrain, s'avisa de dire : ceci est à moi, et trouva des gens assez simples pour le croire, fut le vrai fondateur de la société civile. Que de crimes, de guerres et de meurtres, que de misères et d'horreurs n'eut pas épargnés au genre humain celui qui arrachant les pieux ou comblant le fossé eût crié à ses semblables : gardez-vous de croire ce que dit cet imposteur ; vous êtes perdus si vous oubliez que les fruits sont à tous et que la terre n'est à personne. (Rousseau, *Discours sur l'origine et le fondement de l'inégalité parmi les hommes.*)

Quelle aberration, quel paradoxe dans la bouche du philosophe de Genève ! Dominé par l'idée de saper l'édifice social, en train de faire un livre contre le genre humain (*Lettre de Voltaire à Rousseau*), il ne respecte rien ; d'un mot, il raye le droit de propriété ; mais d'un seul mot aussi, d'un mot sanglant, Voltaire venge la société et la vérité. On n'a jamais, lui dit-il, dans la même lettre, employé tant d'esprit à vouloir nous rendre bêtes ; il prend envie de marcher à quatre pattes quand on lit votre ouvrage......

Quel droit en effet plus naturel que celui de la propriété ? L'enfant au berceau se croit propriétaire des objets qu'on abandonne à son premier caprice ; l'homme à l'état de nature, de tout ce qui le tente et qu'il peut atteindre. Pour lui, il n'y a d'autres bornes à son droit que les bornes de sa force ou les droits acquis par un de ses semblables qui, en se saisissant d'un objet l'a assimilé à lui-même, l'a pour ainsi dire fait participer à sa personnalité. Ces droits acquis par d'autres, il les respecte tant qu'il n'est pas en guerre avec eux, tant qu'il ne les a pas abdiqués volontairement.

C'est là un fait hors de doute : une fois la propriété acquise, elle se conserve d'elle-même par le seul désir de n'y pas renoncer. Les années passent et ma propriété se maintient toujours, si telle est mon intention ; car la propriété est un droit naturel, et un droit envisagé dans son idéal est impérissable et éternel : il est de son essence de se perpétuer.

Tous les auteurs, depuis Cicéron jusqu'à Troplong, sont d'accord sur ces principes. Tous proclament que la propriété ne peut se perdre que par la renonciation, du moins au point de vue du droit naturel, et cependant ils la font cesser, dit-on, par un moyen qui n'exige pas la renonciation. C'est là une erreur que nous réfuterons tout à l'heure ; mais d'abord, disons un mot de ce moyen qu'en langue juridique on nomme prescription.

Le Code Napoléon (art. 2219) définit la prescription : « Un mode d'acquérir ou de se libérer par un certain laps de temps et sous les conditions déterminées par la loi. »

Il y a donc deux effets de la prescription ou plutôt deux sortes de prescription : l'une qui acquiert au possesseur le droit de propriété de ce qu'il possède ; l'autre, qui fait acquérir ou perdre toutes les autres espèces de droit, soit qu'il y ait quelque possession comme dans la jouissance d'une servitude, ou qu'il n'y en ait aucune, comme dans la perte d'une dette, faute de l'exiger.

Toutes ces sortes de prescriptions qui font acquérir ou perdre des droits, sont fondées sur cette présomption, que celui qui jouit d'un droit sans être inquiété, doit avoir quelque juste titre ; que celui qui cesse d'exercer un droit en a été dépouillé par quelque juste cause, et que celui qui a demeuré si longtemps sans exiger sa dette, en a été payé ou a reconnu qu'il ne lui était rien dû.

On voit par là quel frein puissant la prescription doit apporter à la paresse et à la négligence ! Elle empêche l'homme de s'endormir dans une honteuse sécurité, elle le force à veiller sur sa chose, à lui donner ses soins, à la renouveler sans cesse par le travail. S'il la néglige ou la délaisse trop longtemps, il la voit passer, et cela sans espoir de la recouvrer, dans des mains qui s'en sont rendues plus dignes. — Et puis, que de troubles n'arrête pas la prescription, que de procès ne prévient-elle pas ! Y aurait-il rien de plus fragile que la propriété, s'il fallait toujours remonter à son principe, à ses causes, aux titres d'où elle émane ? C'est là ce qui a fait appeler la prescription « la patrone du Genre humain » ; c'est là ce qui a fait dire à Cicéron : « Elle met fin aux inquiétudes et aux dangers des procès. »

Aussi pour empêcher les citoyens de se soustraire à l'action tutélaire de cette loi, le Code Napoléon (art. 2220) porte : « On ne peut d'avance renoncer à la prescription. » Sinon, il eut été trop facile de rendre la loi à peu près illusoire par la précaution qu'auraient eu les créanciers en traitant avec leurs débiteurs, de leur imposer la condition de ne pouvoir jamais invoquer ce mode de libération. Cette condition serait pour ainsi dire devenue de style dans les actes, surtout dans les contrats reçus par notaires. Mais comme cet intérêt n'existe plus lorsqu'on renonce à la prescription déjà acquise, qu'alors l'intérêt général n'est plus en jeu, il est libre à tout individu de répudier ce moyen d'acquisition ou de libération; libre à lui de renoncer à un droit essentiellement d'intérêt privé, ce qu'exprime l'article précité en disant : « On peut renoncer à la prescription acquise. »

Ainsi, la prescription est utile, indispensable, hautement reconnue par le législateur. Mais de là faut-il en conclure avec Cicéron, Pothier, Troplong, Merlin et d'autres qu'elle est de droit naturel? Non, certes. Ces auteurs ont beau se debattre : du moment qu'ils déclarent que le droit de propriété est un droit naturel, que par conséquent ce droit ne peut se perdre que par la renonciation, ce n'est que par une contradiction flagrante qu'ils arrivent à ce résultat quand il n'y a pas de preuve de cette renonciation. Comment, en effet, un autre peut-il acquérir ma chose par une cause qui ne peut pas me la faire perdre ?

Il est vrai que M. Troplong s'appuie sur une fiction, un prétendu acquiescement de ma part, mais le droit naturel n'admet pas de simples suppositions. Emanation de Dieu même, puisqu'il n'est que l'ensemble de ces idées du juste et de l'injuste que la divinité a gravées en nos âmes, le droit naturel ne vit que de vérités positives et incontestées. D'ailleurs, ce prétendu acquiescement est tellement gratuit dans plusieurs cas, que la prescription court même contre celui qui peut prouver qu'il n'a eu aucune connaissance de ce droit.

Et puis ne suffit-il pas de voir la défaveur qui s'attache souvent à celui qui invoque la prescription pour décider que ce droit n'est pas inné à l'homme, qu'il ne découle pas de cette équité qui parle à toutes les consciences ? La prescription ne soulève-t-elle pas tous les jours de nobles scrupules? Justinien, dans un élan de ferveur religieuse, ne l'a-t-il pas appelée *impium prœsidium* ?

Non, le droit naturel ne saurait approuver la prescription qui toujours tire sa source première d'une usurpation. Cette usurpation, au point de vue de la stricte justice, lui inspire une tâche indélébile. Vicieuse dans son origine, la prescription ne pourra s'épurer que par un laps quelconque de temps. Il faudra, pour cela, une réhabilitation légale, une institution qui fasse plier le droit naturel au niveau de la faiblesse humaine, qui dans un but politique accorde à une longue et paisible possession le bénéfice patent de la légitimté, couvre une ancienne erreur du manteau de la vérité, vienne en un mot sanctionner le vice inaperçu d'une vieille usurpation.

Or, qu'est-ce qu'une institution qui n'est basée que sur l'ordre public, sur des motifs d'intérêt général ou particulier, qui varie suivant les mœurs, les usages, sinon une conséquence de ces conventions de ce contrat tacite que les hommes ont formé en se réunissant en société? qu'est-ce enfin autre chose qu'un droit civil ?

Le législateur ne s'est pas formellement occupé de la question ; mais il l'a tranchée implicitement. Quel est, en effet, le motif qui lui a fait dire (article 2223) : « Les juges ne peuvent pas suppléer d'office le moyen résultant de la prescription. » C'est évidemment le besoin de déclarer que, même en admettant la prescription pour des exigences sociales, il ne regarde pas tout comme anéanti par son accomplissement; c'est le besoin de rappeler à la partie qu'elle est en violation légale de la sainteté du droit, que la prescription, bien qu'acceptée comme un moyen juridique, dénature pourtant les obligations les plus solennelles, élude leur empire. Le législateur défend au juge de suppléer d'office le moyen résultant de la prescription, pour laisser libre la partie qui pourrait ne pas vouloir en profiter, par un scrupule bien louable, par une noble délicatesse.

Mais cette faculté de renonciation est enlevée à celui qui a prescrit, toutes les fois qu'elle pourrait protéger la mauvaise foi, et servir à frauder, à léser les droits de tiers intéressés à ce qu'elle soit invoquée. Il n'est pas même nécessaire que la renonciation porte le caractère de la fraude ; elle pourra être annihilée du moment qu'elle fera préjudice à des tiers. Nul doute, par conséquent, que des créanciers ne puissent opposer la prescription à laquelle aurait renoncé leur débiteur, puisque en général les créanciers peuvent exercer tous les droits et actions du débiteur. Nul doute que la même faculté ne soit accordée au cessionnaire de l'usufruit, au fermier, à celui qui a un droit de servitude, pourvu, bien entendu, que si l'acte est sous seing-privé, qu'il ait date certaine. Ce sont là toutes les personnes intéressées dont parle l'art. 2225, « les créanciers ou toute autre personne ayant intérêt à ce que la prescription soit acquise, peuvent l'opposer, encore que le débiteur ou le propriétaire y renonce. »

On sent bien que pour établir une renonciation à une prescription acquise, il faut ou une stipulation expresse, ou quelque chose qui en ait toute la force, car il est de la nature même de la renonciation de ne se présumer jamais.

Il y a donc renonciation à la prescription dans le cas du paiement fait par le débiteur d'une dette prescrite : car, lorsqu'un débiteur paie sans dol, sans surprise, et sans alléguer la prescription, ne manifeste-t-il pas par là l'intention de décharger une conscience timorée ? Ne semble-t-il pas avouer qu'il a eu des raisons secrètes pour s'acquitter. C'est une conséquence directe de l'art. 2221 qui porte : « La renonciation à la prescription est expresse ou tacite : la renonciation tacite résulte d'un fait qui suppose l'abandon du droit acquis. »

Un écueil à éviter à ce sujet, c'est de ne pas voir partout des renonciations, car il est de leur nature de ne pas se présumer trop facilement. Par exemple, on ne doit pas les faire découler du silence gardé par la partie dans le cours d'un procès, car ce silence peut n'avoir eu d'autre cause que l'espoir de voir les autres moyens triompher de l'action contraire.

Il n'y a qu'un cas où la prescription perd toute sa force, c'est celui où le sort respectif des parties a été à jamais établi par l'autorité de la chose jugée.

Au fond, la prescription est du nombre de ces moyens de droit nommés dans la doctrine, exception péremptoire, et qui ont pour résultat, s'ils sont admis, de détruire l'effet de l'action, de la rendre inefficace. Or, il est de l'essence même de ces exceptions de pouvoir être opposées en tout état de cause, c'est à dire alors même qu'on a défendu au fond. « La prescription, dit l'art. 2224, peut être opposée en tout état de cause, même devant la cour d'appel, à moins que la partie qui n'aurait pas opposé le moyen de la prescription ne doive par les circonstances être présumée y avoir renoncé. »

De ce que la prescription est, d'après sa définition même, un mode d'acquisition et de libération, il s'ensuit : 1° que toute personne, soit individuelle, soit morale, à qui la loi n'a pas interdit ces actes, par conséquent : l'Etat, les établissements publics et les communes, sont soumis aux mêmes prescriptions que les particuliers et peuvent également les opposer » (article 2227); — 2° Que celui qui ne peut aliéner ne peut renoncer à la prescription acquise (art. 2222), car cette renonciation est, du moins au fond, une véritable abdication d'un droit, et il est dès lors conforme aux principes d'exiger dans la personne du renonçant la capacité de disposer; — 3° Qu'on ne peut prescrire le domaine des choses qui ne sont pas dans le commerce (art. 2226), car on ne peut devenir propriétaire d'une chose qui ne peut entrer dans le domaine des citoyens.

De ce que ce mode d'acquisition nécessite une possession continue et non interrompue, paisible, publique, non équivoque, et à titre de propriétaire, il peut naître une foule de causes qui viendront y mettre obstacle. Le Code les énumère dans deux chapitres, qui ont pour titre : « Des causes qui empêchent la prescription — Des causes qui interrompent ou suspendent son cours. » — Nous allons les étudier successivement.

CHAPITRE II.

Des causes qui empêchent la Prescription.

On entend par causes qui empêchent la prescription, celles qui sont un obstacle à ce qu'elle puisse commencer. Or, d'après l'art. 2229, on ne saurait prescrire lorsqu'on n'a pas possédé à titre de propriétaire, et d'après l'art. 2231 « quand on a commencé à posséder pour autrui, on est toujours présumé posséder au même titre s'il n'y a preuve du contraire. » Ces deux art. ne sont que l'expression du simple bon sens, qui ne veut pas que celui qui ne possède que pour autrui, autrement dit, à titre précaire, puisse tenir de ce fait un titre d'usurpation contre celui dont il n'est que l'instrument. Le législateur n'a fait que tirer la conséquence de cette vérité dans l'art. 2236, à savoir : « Ceux qui possèdent pour autrui ne prescrivent jamais, par quelque laps de temps que ce soit. Ainsi, le fermier, le dépositaire, l'usufruitier et tous autres qui détiennent précairement la chose du propriétaire, ne peuvent la prescrire. » A cette énumération, il faut joindre le créancier gagiste qui détient les biens de son débiteur, du mari qui détient les biens de sa femme pendant le mariage, le tuteur qui détient les biens du pupille ou de l'interdit pendant la tutelle, le mandataire, le gérant d'affaires, l'envoyé en possession provisoire.

Si les possesseurs à titre précaire ne peuvent prescrire, ceux qui les représentent, par conséquent leurs héritiers, les légataires universels et à titre universel, ne le peuvent pas davantage. « Les héritiers de ceux qui tenaient la chose à quelqu'un des titres désignés par l'art. précédent ne peuvent pas non plus prescrire (2237); » car ils ne sauraient avoir des droits plus étendus que leurs auteurs, ou du moins leurs droits sont entachés des mêmes vices : « *Succedunt in vitia et virtutes.* »

Ce principe n'est pourtant pas toujours vrai : applicable à l'héritier d'un fermier qui succède au bail et devient fermier à son tour, applicable à l'héritier d'un dépositaire qui n'est qu'un dépositaire nouveau, il ne l'est pas à l'héritier d'un usufruitier. L'usufruit, en effet, est éteint par la mort de l'usufruitier; par conséquent l'héritier possède non pas à titre d'héritier, mais par un motif nouveau, indépendant de cette qualité, qui n'a sa raison d'être que dans la force de la loi. On doit étendre la même vérité aux héritiers de tous ceux dont les droits meurent avec eux, par exemple, à l'usager.

Nous avons déjà dit que si l'on refuse aux possesseurs précaires et à leurs héritiers le moyen de la prescription, c'est parce qu'on est censé toujours posséder au même titre, s'il n'y a preuve du contraire. Il y aura preuve du contraire, si la possession se trouve intervertie (2238), c'est à dire quand celui qui détenait à titre précaire vient ensuite à posséder à titre de propriétaire. Cette interversion peut avoir lieu de deux manières :

1° Par une cause venant d'un tiers. Si par exemple, après que j'ai affermé un immeuble, je l'achète d'un individu que j'en crois propriétaire, il est clair que de ce jour je détiens l'immeuble, non comme fermier, mais comme propriétaire ; d'où il résulte que je pourrai le prescrire par dix ou vingt ans. Il n'en serait pas ainsi si j'étais de mauvaise foi : *Nemo ex suo delicto potest consequi actionem.*

2° Par la contradiction opposée au droit du propriétaire ; par exemple, un locataire de votre maison répond à la sommation que vous lui faites d'en payer le loyer, qu'il en est le propriétaire, et vous le laissez jouir à son aise ; la possession est intervertie, vous êtes censé reconnaître ses prétentions : « *Qui non prohibet, cùm prohibere possit, consentire videtur,* et il prescrira par dix ou vingt ans à dater du jour de la signification de sa sommation.

La règle qu'on ne saurait transmettre à autrui plus de droits qu'on n'en a soi-même, *nemo juris, etc.....* ne saurait embrasser « ceux à qui les fermiers, dépositaires et autres détenteurs précaires ont transmis la chose par un titre translatif de propriété (art. 2239). » Car ici celui qui prescrit, tire son droit non du fermier, du dépositaire, ou autre détenteur précaire, mais de la force même de la loi, qui (art. 2235) donne à celui qui possède à titre de propriétaire la faculté de le devenir réellement par la possession. Seulement la loi y met pour condition qu'il y ait transmission de la possession même de la chose. Si, après le contrat, le possesseur précaire continuait de la garder en son pouvoir, il n'y aurait alors qu'un fait vicieux, clandestin, incapable par conséquent de servir de base à la prescription. Elle ne pourrait s'accomplir, dans ce cas, que par la signification faite au propriétaire de la transmission du titre.

« On ne peut pas (art. 2240), prescrire contre son titre, en ce sens que l'on ne peut point se changer à soi-même la cause et le principe de sa possession » , c'est à dire que le détenteur à titre précaire ne saurait se métamorphoser lui-même en détenteur à titre de propriétaire. Ainsi, c'est en vain que le fermier affirmerait qu'il a toujours cru avoir réellement la propriété; il ne saurait la prescrire. De sa possession, quelque longue et paisible qu'elle ait été, il ne retirera d'autre avantage que celui d'avoir pu prescrire les loyers, s'il est resté le temps requis sans en payer le prix.

Mais cette règle ne s'applique qu'à la prescription considérée comme mode d'acquisition. Il ne faut pas l'étendre à celle à l'effet de se libérer, qui provient précisément de ce que le débiteur n'a pas réalisé son obligation, et, par l'inaction où l'a laissé le créancier, a obtenu de ne pas avoir le titre de débiteur. « On peut prescrire contre son titre, en ce sens que l'on prescrit la libération de l'obligation que l'on a contractée (art. 2241).

CHAPITRE III.

Des causes qui interrompent ou qui suspendent le cours de la prescription.

Il est des causes qui arrêtent la prescription, et qui par une sorte d'effet rétroactif rendent inutile la possession antérieure, en la forçant à recommencer comme si elle n'avait jamais existé. Il est d'autres causes, au contraire, qui n'agissent que sur le présent, qui, tout en respectant le temps écoulé, font cesser pour un laps de temps les effets de la possession actuelle; de telle sorte que ces causes une fois disparues, la possession reprend son cours, reproduit des effets, en se liant pour calculer le délai légal avec le temps acquis au moment où ces causes étaient survenues.

Dans le premier cas, on dit qu'il y a interruption, dans le second, suspension de la prescription. Il y a donc cette différence, que l'interruption annihile la possession antérieure, tandis que la suspension lui impose seulement un point d'arrêt, la fait sommeiller, jusqu'à ce que la disparition de l'obstacle lui permette de continuer son cours en joignant les deux extrêmes.

D'ailleurs, quoique l'interruption détruise la possession préexistante, elle n'empêche pas la prescription de recommencer ses effets, lorsque celui qui a souffert une interruption naturelle rentre en possession, ou bien voit mettre un terme à l'interruption civile.

Voyons maintenant quelles sont les causes énumérés par le législateur, qui ont pour effet d'interrompre et de suspendre le cours de la prescription.

Section 1. — *Des causes interruptives.*

« La prescription (art. 2242) peut être interrompue ou naturellement ou civilement. »

Il y a interruption naturelle, dit M. Bigot Préameneu dans son exposé des motifs, lorsque le fait même de la possession est interrompu. Si quand il s'agit d'un fonds, cette interruption ne s'est pas prolongée pendant un certain temps, pendant une année, *l'an et jour,* comme disaient nos vieilles coutumes, on présume que ce n'est qu'une simple erreur de la part de celui qui s'en est emparé. On présume aussi que celui qui était en possession s'en est ressaisi, ou a réclamé aussitôt qu'il a eu connaissance de l'occupation, et qu'il n'a pas entendu la souffrir. On a considéré que si l'occupation momentanée d'un fonds suffisait pour priver des effets de la possession, ce serait une cause de désordre, et que chaque possesseur serait à tout moment exposé à la nécessité d'avoir un procès pour justifier ses droits de propriété.

La règle de la possession annale a toujours été suivie en France à l'égard des immeubles; elle est la plus propre à maintenir l'ordre public. C'est pendant la révolution d'une année que les produits d'un fonds sont recueillis; c'est pendant une pareille révolution qu'une possession publique et continue a pris un caractère qui empêche de la confondre avec une simple occupation.

Ainsi, on ne peut être dépouillé du titre de possesseur que par la possession d'une autre personne pendant un an, et, par la même raison, la possession qui n'a pas été d'un an, n'a pas l'effet d'interrompre la prescription. L'art. 2243 n'est que le résumé fidèle de ces principes : « Il y a interruption naturelle, dit-il, lorsque le possesseur est privé pendant un an de la jouissance de la chose, soit par l'ancien propriétaire, soit même par un tiers. » Nul doute donc que de simples voies de fait ne seraient pas une dépossession; elles pourraient cependant empêcher la prescription, mais ce serait pour un autre motif, parce que la possession ne serait pas paisible.

Nul doute aussi qu'il n'y aurait pas d'interruption, si une force majeure avait entraîné la dépossession; il faut qu'elle provienne du fait d'un tiers.

Bien différente en cela de l'interruption naturelle, l'interruption civile ne demande pas de possession matérielle; aussi, tandis que la première peut être invoquée par les tiers qui ont intérêt à ce qu'elle se soit produite, la seconde ne peut l'être que par celui qui en est l'auteur. C'est le fruit de la vigilance, de son attention, et l'homme ne peut pas s'attribuer le fruit de l'activité d'autrui. C'est pour les tiers une *res inter alios acta*, à moins que l'interruption n'eut eu lieu par le fait d'un mandataire ou d'un gérant d'affaires.

Pour engendrer l'interruption civile, la loi exige des actes émanés de l'autorité de la justice, ou qui ont pour but de mener en justice. Un acte extrajudiciaire tel qu'une simple sommation ne saurait avoir ces effets.

Au premier rang, le Code (art. 2244) place la citation en justice, c'est à dire toute demande formée en justice. Ici, le législateur, sans suivre le Droit romain dans les différences qu'il avait établies sur les modes d'interruption, d'après les divers laps de temps requis pour prescrire, a adopté tout simplement le principe de la plupart des coutumes qui se contentaient pour interrompre la prescription d'un ajournement donné par exploit libellé. « Toutes prescriptions, portait la coutume de Bourbonnais, sont interrompues par ajournements libellés, exploit formel déclaratif de la chose querellée ou par demande judiciaire. » — Le vœu de la loi est rempli lorsque l'ajournement intervient avant le temps de la prescription, elle ne demande pas que l'assignation soit faite pour comparaître à un jour antérieur à celui où la prescription serait parfaite. — Une citation pour comparaître devant des arbitres est une véritable citation en justice, car les arbitres sont érigés en juges.

A la citation en justice, l'article précité joint : 1° le commandement, c'est à dire l'acte par lequel on enjoint à quelqu'un d'exécuter un jugement ou un titre exécutoire; 2° la saisie, c'est à dire le mode d'exécution par lequel un créancier met les biens de son débiteur sous la main de la justice, afin de les faire vendre pour être payé sur le prix; et l'on ne doit pas distinguer entre les diverses sortes de saisie. La saisie-arrêt elle-même produira l'effet interruptif, car elle doit aussi être dénoncée au débiteur saisi avec assignation en validité; or, cette assignation est une vraie demande judiciaire, ce qui explique pourquoi l'interruption rétroagit jusqu'à la saisie.

Citons encore d'autres moyens d'interruption civile que la logique, plus complète que le Code, force de reconnaître, par exemple : Une demande reconventionnelle qui se forme au moyen de simples conclusions prises dans le cours d'une instance par acte d'avoué à avoué; une intervention qui s'introduit par une requête; une demande en collocation dans un ordre, etc....

A côté des causes déclarées interruptives parce qu'elles ont pour effet d'engager un procès, la loi en place une qui a au contraire pour but de l'empêcher. « La citation en conciliation (art. 2245) devant le bureau de paix interrompt la prescription du jour de sa date, lorsqu'elle est suivie d'une assignation en justice donnée dans les délais de droit. » Le délai de droit est d'un mois à compter du jour soit de la comparution volontaire des parties, soit de la non comparution ou de la non conciliation. Ainsi, l'interruption ne résulte pas tant de la citation que de l'assignation en justice. Par conséquent, la raison de décider qu'il y a interruption civile serait la même, si les parties comparaissaient volontairement devant le juge de paix, et si faute de se concilier elles manifestaient, par une assignation dans les délais voulus, l'intention de faire valoir leurs prétentions.

La citation en justice donnée devant un juge incompétent interrompt-elle la prescription ? C'était autrefois une question vivement débattue; mais le Code, dans l'art. 2246, se décide pour l'affirmative, et c'est avec raison, car il eut été trop sévère de ne pas pardonner au demandeur de s'être trompé sur l'incompétence du juge, lorsque d'ailleurs par un ajournement en règle il avait si bien montré ses intentions.

Mais il n'en est pas de même si l'assignation est nulle par défaut de forme (art. 2247), car alors on ne peut pas dire qu'il y ait eu assignation, puisque l'on n'a remis au possesseur qu'un écrit sans valeur aucune, qui n'avait pas d'existence juridique. D'ailleurs, lors même que l'assignation réunirait les conditions exigées pour la validité, il faudra pour qu'elle interrompe la prescription que la demande soit adjugée; car l'interruption est regardée comme non avenue (même article) 1° par le désistement du demandeur; il déclare ainsi nuls tous les actes par lui faits; 2° par la péremption de l'instance; elle emporte par là extinction de la procédure, sans qu'aucune des parties puisse invoquer les actes signifiés; 3° par le rejet de sa demande : il faut que ce rejet soit définitif, car si le jugement était susceptible d'opposition ou d'appel il y aurait interruption s'il était réformé ou infirmé.

On doit prendre garde de ne pas confondre avec les vices de forme qui rendent nuls les actes d'assignation, les défauts de qualité ou de capacité dans la personne qui agit. De ce défaut, il ne découle pas une nullité absolue, mais simplement une nullité relative. Elle peut cesser ou être réparée, soit par l'autorisation donnée plus tard au demandeur incapable, soit par l'intervention du mari, de la femme, du tuteur ou du curateur.

L'art. 2248 nous donne une autre cause d'interruption civile de la prescription : « C'est la reconnaissance que le débiteur ou le possesseur fait du droit de celui contre lequel il prescrivait. » Cette cause découle de la condition requise (art. 2229) pour la possession d'être une possession à titre de propriétaire. La reconnaissance peut être *expresse*, lorsque par exemple elle résulte d'un acte récognitif, voire même d'une lettre missive, pourvu que le sens en soit parfaitement clair ; d'un aveu fait par le débiteur devant le juge de paix ; d'offres réelles faites par lui, lors même qu'elles n'auraient pas été suivies de consignation ; de la clause par laquelle le débiteur d'une rente hypothéquée vend l'immeuble en imposant à l'acquéreur l'obligation de la servir.

La reconnaissance est *tacite* dans les cas suivants : paiement des intérêts et arrérages produits par le principal de la dette, prestation d'une caution, demande d'un délai pour payer, etc.

Quand la reconnaissance est verbale, il est évident qu'elle ne peut produire d'effet que lorsque la preuve testimoniale peut être admise.

En règle générale, l'interruption civile de la prescription ne s'étend pas d'une personne à une autre, soit à son avantage, soit à son désavantage. Ce principe admet néanmoins quelques exceptions, même quand il s'agit d'obligations principales, en d'autres termes, quand il y a autant de prescriptions distinctes, séparées, qu'il y a de personnes intéressées. C'est ainsi (art. 2249) que « l'interpellation faite à l'un des débiteurs solidaires ou sa reconnaissance interrompt la prescription contre tous les autres, même contre leurs héritiers. — L'interpellation faite à l'un des héritiers d'un débiteur solidaire, ou la reconnaissance de cet héritier, n'interrompt pas la prescription à l'égard des autres cohéritiers, quand même la créance serait hypothécaire, si l'obligation n'est indivisible. » Si, par exemple, deux personnes me doivent servitude, l'interpellation que je ferai à l'une me profitera contre l'autre. Réciproquement, si plusieurs personnes ont droit à une servitude, la demande formée par l'une d'elles contre le propriétaire, interrompra la prescription dans l'intérêt de tous.

Quand l'interpellation est faite à un héritier d'un débiteur solidaire, ou la reconnaissance émanée de lui, « cette interpellation ou cette reconnaissance (même article) n'interrompt la prescription à l'égard des autres codébiteurs que pour la part dont cet héritier est tenu. » Par cette disposition, le Code a mis fin à une divergence d'opinions qui longtemps divisa les coutumes; il a fait prévaloir la cause soutenue par Pothier. Réciproquement, l'interruption faite par l'un des cohéritiers ne profite pas aux autres; chacun agit ici dans un intérêt distinct, et ce ne sera que sur des preuves bien précises que les autres pourront établir qu'ils lui avaient donné procuration pour le représenter et exercer leurs droits. — Donc (même article), pour interrompre la prescription pour le tout, à l'égard des autres codébiteurs, il faut l'interpellation faite à tous les héritiers du débiteur décédé, ou la reconnaissance de tous ces héritiers.

L'art. 2250, à savoir : « L'interpellation faite au débiteur principal, ou sa reconnaissance, interrompt la prescription contre la caution », vient encore donner raison à Pothier sur un point qui, dans l'ancienne jurisprudence, avait été l'objet de controverses nombreuses. Ce n'est, d'ailleurs, qu'une conséquence du vieil adage : « *Accessorium sequitur principale.* »

SECTION II.

Des causes qui suspendent le cours de la prescription.

La prescription est de droit général, c'est à dire que, reconnue par le législateur comme un principe utile et indispensable, elle doit courir contre toutes personnes. Mais, comme par sa nature même, ce moyen d'acquérir ou de libérer produit surtout ses effets contre le propriétaire coupable d'incurie ou de négligence, qu'il exige donc pour s'en préserver des soins et de la vigilance, le législateur a dû faire une exception en faveur des personnes qu'une cause dérivant de leur faiblesse physique ou morale, d'une force majeure, a mis dans l'impossibilité de se prémunir contre la prescription. Il les a donc protégées contre elle, il l'a suspendue à leur égard, en leur faisant l'application de ce vieil adage : *Contrà non valentem agere, non currit præscriptio.* » Mais la loi a soin de nous prévenir (art. 2251) que ces exceptions sont de droit strict, qu'elles ne s'appliquent qu'aux individus formellement désignés.

Les mineurs et les interdits sont les premiers dont le législateur sauvegarde les intérêts toujours sacrés (art. 2252); et c'était justice; car la faiblesse d'esprit des uns, la faiblesse de l'âge des autres faisait une nécessité de les défendre contre les empiètements que pourraient laisser exercer sur leurs biens la paresse et l'insouciance de leurs tuteurs. Quant aux majeurs pourvus d'un conseil judiciaire, ils ne sauraient se prévaloir du privilége : l'article est limitatif. Il ne parle que des interdits et des mineurs, sans s'occuper s'ils sont ou non émancipés : car l'émancipation du mineur, on le sait, ne lui donne pas le droit d'aliéner un immeuble, et la prescription équivaut à une aliénation.

L'art. 2253 : « la prescription ne court point entre époux » exprime un privilége qui découle de la position même que la loi a faite à la femme dans le mariage, de l'obligation où elle est d'obéir au mari chef d'une communauté qui ne peut prospérer que par un accord parfait; et, ne serait-ce pas y porter une atteinte continuelle que de mettre la femme dans la nécessité de veiller à ce que son mari ne finisse pas par la déposséder de ses biens au moyen de la prescription?

Vis à vis du mari, la femme est donc en parfaite sécurité, mais il n'en est pas de même vis à vis des tiers; « alors la prescription court contre elle (article 2254), encore qu'elle ne soit point séparée par contrat de mariage ou en justice, à l'égard des biens dont le mari a l'administration. » Car la femme, pendant le mariage, voit bien passer à son mari l'administration de ses biens; mais frappée seulement d'une incapacité relative, elle est là, toujours présente, toujours en état de veiller à ses intérêts, même en demandant à la justice l'autorisation de les soutenir elle-même, si le mari était coupable de négligence. — Quant à la femme mariée, mais séparée par contrat de mariage ou en justice, elle est à plus forte raison soumise à la prescription; car à elle seule la faute de s'être laissé déposséder.

« Néanmoins (art. 2255), la prescription ne court point pendant le mariage à l'égard de l'aliénation d'un fonds constitué selon le régime dotal. » On sait que sous ce régime tous les biens constitués en dot sont frappés d'inaliénabilité; mais si le contrat de mariage avait stipulé l'aliénabilité d'un fonds, avait réservé des paraphernaux, ils rentreraient alors dans la règle commune, ils seraient prescriptibles : la femme n'aurait d'autre dédommagement que ceux qu'elle pourrait trouver dans son recours contre le mari, car il doit toujours rendre compte à sa femme. Il est toujours responsable envers elle de la prescription acquise contre ses biens.

L'art. 2256 établit deux autres cas où la prescription est suspendue pendant le mariage, à savoir :

1° « Celui où l'action de la femme ne pourrait être exercée qu'après une option à faire sur l'acceptation ou la renonciation à la communauté. » Tel serait le cas où la femme se serait réservé, en adoptant le régime de la communauté, de pouvoir à sa dissolution reprendre tel immeuble qui en ferait partie par la clause d'ameublement. Supposons que pendant le mariage, le mari vende cet immeuble, qu'arrivera-t-il à la dissolution de la communauté? Ou la femme l'accepte, et alors la vente est valable; ou elle la répudie, et alors la vente est nulle. Eh! bien, jusqu'à ce jour, la prescription n'aura pas pu s'opérer au profit du tiers détenteur, et il devait en être ainsi; car la femme ne pouvait prendre de décision avant de savoir quel serait l'état de la communauté à sa dissolution; et ne pas couvrir la femme contre la prescription, ce serait lui enlever la liberté d'accepter la communauté ou d'y renoncer.

2° « Celui où le mari, ayant vendu le bien propre de la femme sans son consentement, est garant de la vente, et dans tous les autres cas où l'action de la femme réfléchirait contre le mari (même article). » — « Si, en effet, dit M. Bigot Préameneu, la femme exerçait contre un tiers une action pour laquelle ce tiers serait fondé à mettre en cause le mari comme garant, il en résulterait une contestation judiciaire entre le mari et la femme. Aussi, la femme est alors considérée comme ne pouvant agir, même contre cette tierce personne, qu'il serait injuste de traduire en justice, puisqu'elle ne pourrait exercer son recours contre le mari; et la prescription de l'action contre la tierce personne se trouve par ce motif suspendue. » — En un mot,

la femme est censée dans l'impossibilité d'agir toutes les fois que son intérêt est en conflit avec celui de son époux. Par exemple, un mari a vendu
un immeuble de la femme sans son consentement; elle intente un procès à
l'acquéreur, elle obtient son éviction; celui-ci alors agit à son tour contre
le mari et le fait condamner comme garant au remboursement du prix, aux
loyaux coûts du contrat, même à des dommages-intérêts. Dans cette espèce,
il est clair que le mari est par contre-coup la seule victime de l'action inten-
tée par la femme à un tiers; c'est ce que la loi veut éviter avec raison.

Il en serait de même si un mari, se disant propriétaire d'un immeuble
qu'il sait être à sa femme, le vendait à un tiers de bonne foi, même sans
promettre de garantie, car il serait toujours tenu au remboursement du prix,
et par conséquent il y aurait réflexion de l'action de la femme contre le
mari. Mais si le mari agissant loyalement avait vendu, sous la clause sans
garantie et à ses risques et périls, un immeuble qu'il croyait être sien, mais
qui appartenait en réalité à sa femme, la prescription alors reprendrait son
empire, même pendant le mariage. L'action en revendication de la femme
ne réfléchirait pas contre le mari qui ne serait tenu d'aucune garantie.

Ces exemples suffisent pour faire comprendre les cas où le mari serait
atteint par l'action que la femme ne voudrait diriger que contre un tiers.
Passons à l'art. 2257 qui suspend la prescription.

1° « A l'égard d'une créance qui dépend d'une condition, jusqu'à ce que
la condition arrive. » Car, il est plus que manifeste que ce n'est qu'après
l'évènement de la condition que l'on peut agir et qu'on ne saurait prescrire
contre celui qui n'a pas encore d'action. — La prescription dort tant que la
condition est en suspens. Mais ce principe cesse d'être vrai lorsque des rap-
ports existent non pas entre le créancier et le débiteur, mais entre le créancier et un tiers. Ainsi, un immeuble est légué à Pierre sous condition, Pierre
ne peut agir contre les héritiers du défunt avant que la condition arrive, et
ceux-ci savent bien que leur propriété est éventuelle. Néanmoins, s'ils vendent l'immeuble à un tiers, il est clair que ce tiers aquéreur pourra le prescrire et le légataire ne pourra s'en prendre qu'à lui-même d'avoir ainsi
laissé évanouir ses droits.

2° « A l'égard d'une action en garantie jusqu'à ce que l'éviction ait lieu, »
car le détenteur d'un objet qui en jouit librement, sans être troublé dans

l'exercice de sa possession, n'a aucune cause, aucun intérêt de plainte contre qui que ce soit. L'éviction seule y donnera naissance.

3° « A l'égard d'une créance à jour fixe, jusqu'à ce que le jour soit arrivé.» La loi ne s'occupe pas du cas où l'échéance du terme est incertaine, parce que le jour incertain équivaut à une condition : *Dies incertus pro conditione habetur*. Elle ne s'occupe que du terme certain, ce qui d'ailleurs mène au même résultat. Il est évident, en effet, que si en vous achetant une maison je me suis réservé de n'en payer le prix que dans trente ans, la prescription du prix de la vente ne pourra commencer qu'au terme fixé. Jusque là vous n'avez qu'à attendre; toute poursuite de votre part serait inutile et prématurée.

« La prescription ne court pas non plus (art. 2258) contre l'héritier bénéficiaire à l'égard des créances qu'il a contre la succession. » L'héritier bénéficiaire en effet, comme l'héritier pur et simple, est le représentant, la personnification même de la succession. Agir contre la succession, ce serait agir contre soi-même, ce qui est absurde. — Il ne peut pas davantage prescrire contre la succession ce qu'il lui doit, car il doit faire tous les actes conservatoires qu'exige l'intérêt des créances de la succession.

Mais, supposé qu'il y ait plusieurs héritiers bénéficiaires, et que l'un d'eux fût créancier du défunt, ses cohéritiers pourront prescrire contre lui comme ils le feraient envers un étranger.

« La prescription (même article) court contre une succession vacante, quoique non pourvue de curateur.» Il dépendait des créanciers de cette succession de lui faire donner un curateur pour prendre soin de leurs intérêts. S'ils ne l'ont pas fait, ils ne portent que la peine de leur négligence.

« Elle court même pendant les trois mois pour faire inventaire, et les quarante jours pour délibérer (art. 2259). » Rien, en effet, ne s'oppose à ce que l'héritier bénéficiaire prenne les mesures nécessaires pour interrompre la prescription. Ce ne seront jamais que des actes conservatoires qui ne sauraient le faire assimiler à un héritier pur et simple.

CODE DE COMMERCE.

De la Lettre de Change.

Du rechange.

Quand une lettre de change n'est pas payée à l'échéance, le porteur doit faire constater par un protèt le refus de paiement, s'il veut conserver son recours parfaitement intact contre le tireur et les endosseurs, dont l'engagement solidaire lui permet de choisir le plus solvable pour l'exercice de son droit. Mais ce recours peut entraîner quelque longueur; quelque rapide même que soit son exécution, il est certain qu'il ne peut pas fournir au porteur immédiatement l'argent qu'il espérait et sur lequel il comptait au jour de l'échéance. Quand le porteur veut conserver son recours solidaire et obtenir de l'argent sur l'heure, il doit recourir à ce qu'on appelle le *rechange*.

Si nous nous en rapportions pour donner une définition du rechange aux différentes idées contenues dans les art. 177 et 179 du Code de commerce, nous serions peut-être fort embarrassés. Le premier, en effet, déclare que le rechange s'effectue par une *retraite,* c'est à dire par une nouvelle traite, une nouvelle lettre de change, tandis que le second définit le rechange par la différence qui peut exister entre les cours du change, les taux de négociation des effets commerciaux entre les diverses places. Nous nous en tenons à l'idée contenue dans l'art. 177, et nous définissons le rechange; une nouvelle lettre de change tirée par le porteur non payé et qui vient de faire faire un protèt, en faveur d'un homme qui lui avance des fonds dont il se remboursera par cette lettre de change tirée sur le tireur ou sur l'un des endosseurs, suivant que celui qui avance les fonds l'a demandé.

4

Il va sans dire que la nouvelle lettre de change sera un peu grossie par quelques frais accessoires et dépassera, dès-lors, la valeur de celle qui n'a pas été payée. D'abord, on y trouvera les frais de protêt, la commission de banque, le prix du courtage, en un mot, tous les frais de négociation et de transport d'argent fictifs ou réels d'une place sur une autre. Ces frais, d'après le Code de commerce doivent varier avec les localités, et ne peuvent, dès-lors, être prévus par avance; mais un décret du 24-26 mars 1848, a modifié provisoirement les art. 178 et 179 du Code de commerce, et déclaré que le rechange se règle pour la France continentale comme suit : Un quart pour cent sur les chefs-lieux de département, demi pour cent sur les chefs-lieux d'arrondissement, trois quarts pour cent sur toute autre place, et déclare que, dans aucun cas, il n'y aura lieu à rechange dans un même département.

(181) La retraite doit être accompagnée d'un compte de retour, qui a surtout pour but d'énoncer le prix auquel la négociation a lieu et qui est certifié par un agent de change. Dans les lieux où il n'y a point d'agent de change, le certificat est donné par deux commerçants. On s'est demandé si le certificat donné dans ces circonstances devait être considéré comme un acte authentique, et ne pouvait par conséquent tomber que sous l'empire d'une inscription de faux. Nous croyons que lorsqu'il certifie le cours du change, l'agent de change doit être considéré, en effet, comme jouant réellement le rôle d'officier public dont les allégations doivent être crues jusqu'à inscription de faux; mais il n'en sera plus de même lorsqu'il certifie le taux des frais de banque, de commission, de courtage, de timbre ou de ports de lettres. Et encore même dans la pratique, notre solution donnée dans la première hypothèse doit recevoir des restrictions, parce que les agents de change ne sont pas les rédacteurs de tous les comptes de retour, et qu'ils vendent ordinairement aux banquiers les bulletins qui contiennent le cours du change.

La retraite peut être dirigée ou contre le tireur ou contre les endosseurs; mais ils n'auront point réciproquement d'action en retour contre ceux qui les ont précédés. Ce mode d'agir, qui était admis sous l'empire de l'ordonnance de 1763, entraînait les conséquences les plus déplorables et les usures les plus vexantes contre le tireur que l'on chargeait d'une foule de rechanges successifs provenant d'endossements que l'on avait même quelquefois simulés en feignant de promener la lettre de change de place en place. Le législateur moderne a empéché maintenant ce résultat de se produire en déclarant, dans l'art. 183, que les rechanges ne peuvent être cumulés, et que chaque endosseur n'en supporte qu'un seul, ainsi que le tireur.

Quand la retraite a lieu sur le tireur, le rechange se règle à l'égard du tireur par le cours du change du lieu d'où la traite a été tirée sur le lieu où elle a été tirée. Malgré ces derniers termes de l'art. 179, nous croyons que lorsque le tireur n'a fait qu'un séjour éphémère et transitoire dans le lieu où il a tiré la lettre de change, il vaut mieux calculer le prix du change sur son véritable domicile; il nous semble, en effet, que le tireur doit s'attendre plutôt à être poursuivi à son domicile qu'au lieu où il a domicilié une traite.

Quand la retraite est faite contre un endosseur, le rechange se règle par le cours du change du lieu où la traite a été remise ou négociée par eux, sur le lieu où le remboursement s'effectue. Que faut-il entendre par ces derniers mots ? veulent-ils indiquer le domicile de l'endosseur ou le lieu où le tiré devait payer? La première hypothèse nous paraît la plus vraie; le domicile réel est un point plus fixe et qui a dû entrer beaucoup plus dans les prévisions de celui contre lequel on recourt.

Mais que faut-il penser lorsque le prix du rechange est plus ou moins considérable quand on recourt contre un endosseur que quand on recourt contre le tireur ? Ainsi, lorsqu'une traite est tirée de Toulouse sur Paris et qu'un endosseur contre lequel on recourt se trouve domicilié à Limoges, comme le cours du change est moindre pour Limoges que pour Toulouse, car la distance est moins considérable, le tireur doit-il profiter de cette différence ? Nous croyons que l'affirmative est incontestable. Mais dans l'hypothèse inverse, lorsque l'endosseur est domicilié plus loin que le tireur, et que dès lors la traite tirée sur lui est grossie d'un recours de change plus considérable que si le recours avait eu lieu contre le tireur, nous ne dirons pas avec M. Bravard-Veyrière que l'endosseur ne doit pas supporter cette augmentation de cours de change, et qu'elle doit demeurer à la charge du porteur, le prétexte pris, de ce que le porteur était libre de recourir contre le tireur ou l'un des endosseurs, et qu'il doit porter la peine de l'augmentation de frais entraînés par le recours dirigé contre l'endosseur.

C'est qu'en effet il se peut très bien que le porteur n'ait pas été libre de recourir contre qui bon lui semblait : le donneur de valeurs, le bailleur de fonds à l'ordre duquel il a soustrait la retraite avait le droit de choisir la plus grande solvabilité parmi les personnes déjà engagées dans l'émission ou la négociation de la première traite.

Lorsque le compte de retour a été notifié au tireur ou à l'endosseur en renfermant les frais de protêt et autres frais légitimes ; la responsabilité pécuniaire de celui contre lequel on recourt n'est pas encore complètement déterminé. Il peut s'y ajouter d'abord, d'après l'art. 184, l'intérêt du principal de la lettre de change protestée à compter du jour du protêt. Ce point de départ déjà exorbitant, puisque d'après le principe général contenu dans l'art. 1154 du Code Napoléon les intérêts d'une somme d'argent ne sont dûs que du jour de la demande en justice, ne sera pas suivi pour les intérêts des frais de protêt, de rechange et autres qui ne seront jamais dûs qu'à compter du jour de la demande en justice (art. 185).

Enfin, nous terminons cette matière du rechange en faisant observer qu'en dehors des prévisions légales et des frais dont le taux est déterminé, le tireur surtout peut souvent être condamné sur la réclamation du porteur non payé à une certaine somme de dommages et intérêts, quand ce porteur avait un espoir bien légitime et parfaitement caractérisé par les promesses du tireur, d'être payé exactement au jour de l'échéance.

DROIT ADMINISTRATIF.

A quelle juridiction administrative appartient ce qui concerne le trésor public.

L'administration presque toujours placée au point de vue de l'intérêt général a besoin d'une certaine liberté dans sa sphère d'activité, même lorsqu'elle consent à discuter avec les droits particuliers et que se révèle la présence du *contentieux administratif*. Aussi, a-t-elle des tribunaux à elle qui, seuls, ont le droit de toucher aux questions d'intérêt général, lorsqu'il se manifeste à l'occasion des intérêts particuliers, en dépouillant, dès-lors, les tribunaux judiciaires du droit qu'ils ont généralement de juger toute espèce de contestation.

Souvent quelques doutes peuvent se présenter sur le point de savoir si l'intérêt général est bien en jeu dans une mesure plus ou moins considérable et, dès-lors, le justiciable, le jurisconsulte même peuvent flotter incertains et irrésolus sur la juridiction à laquelle ils doivent donner force et puissance pour terminer un différend ; mais le doute n'est plus permis, lorsque l'esprit se reporte vers les questions nombreuses auxquelles peut donner lieu l'exercice des droits du trésor public formé par les contributions individuelles, et le concours de tous les citoyens au maintien de l'Etat et à sa prospérité morale et matérielle garantie par ses ressources pécuniaires. Evidemment, l'intérêt général brille dans cette hypothèse d'une façon éclatante, et il n'y a pas de doute qu'une juridiction administrative doit être seule compétente, toutes les fois que le trésor public est en jeu.

Nous devons rechercher seulement maintenant quelles sont les différentes juridictions devant lesquelles doivent être portées les différentes contestations dont le trésor public peut être l'objet, après avoir pris soin d'avertir que par un déclassement particulier le contentieux de l'enregistrement, des douanes et des contributions indirectes a été attribué à l'autorité judiciaire.

Le contentieux du trésor public est relatif : 1° à la comptabilité, 2° aux contributions, 3° à la dette publique, 4° aux traitements, 5° aux pensions, 6° aux dettes communales mises à la charge du trésor.

1° Comptabilité. — Quand les débats qui s'élèvent entre le trésor et les comptables donnent lieu à un recours contentieux, ce recours n'est pas toujours porté devant le conseil d'Etat; le plus souvent c'est la Cour des comptes qui est compétente pour statuer.

Les percepteurs des contributions sont légalement responsables vis à vis du trésor du recouvrement des cotes de contributions dont la perception leur est confiée; le ministre des finances sera compétent pour déclarer les comptables responsables du recouvrement des droits liquidés sur les redevables, ou pour les décharger de cette responsabilité s'ils justifient avoir pris toutes les mesures, ou dans le cas de pertes de fonds résultant de force majeure. C'est lui aussi qui appliquera les cautionnements des comptables au paiement des débets.

En matière de comptabilité communale, c'est le Conseil de préfecture qui est compétent pour l'apurement des comptes des revenus municipaux dans les communes dont le revenu n'excède pas trente mille francs. Sa compétence s'étend aussi à l'examen des comptes de toute personne qui, sans autorisation, a manié les deniers communaux, par exemple, du maire ou de l'adjoint qui aurait fait personnellement des recettes ou des dépenses pour le compte de la commune. C'est aussi le Conseil de préfecture qui revoit la comptabilité des hospices et autres établissements de bienfaisance, et peut prononcer contre les trésoriers des amendes pour défaut de production de leur compte dans les délais voulus.

2° Contributions. — La juridiction contentieuse en matière de contributions est excessivement étendue et s'applique à un nombre infini d'hypothèses ; qu'il nous suffise de poser en principe qu'elle n'appartient qu'au ministre des Finances et qu'au Conseil de Préfecture, en énonçant quelques hypothèses principales.

En matière de contributions directes, le ministre des Finances est compétent, après instruction des préfets, pour régler tous les frais faits à l'occasion d'un divertissement de deniers et qui sont à la charge du percepteur, ou pour juger les réclamations des habitants contre l'assiette ou la surcharge, ou contre les abus dans la délivrance des billets de logement des troupes.

En matière de contributions indirectes, le même ministre statue sur les réclamations des communes pour savoir si, par sa population, une ville ou un bourg doit être sujet au droit d'entrée; et sur les contestations entre les fermiers ou régisseurs de l'octroi et les particuliers sur l'admission de certaines marchandises à l'entrepôt.

Mais la véritable juridiction contentieuse, le droit commun en matière de contributions directes, c'est celle des conseils de préfecture. En principe, ils prononcent sur les demandes des particuliers tendant à obtenir la décharge ou la réduction ou la mutation de leur compte de contribution. Ainsi, pour ne citer qu'un exemple relatif à chacune des différentes contributions directes, le Conseil de préfecture statue en matière de contribution foncière sur les réclamations contre le tarif des évaluations cadastrales, lorsqu'il s'agit de propriétés bâties; pour la contribution personnelle et mobilière, sur la demande en décharge formée par le contribuable qui a été taxé à la contribution personnelle dans une commune où il n'a point de domicile; en matière de contribution de portes et fenêtres, sur les demandes en réduction pour surtaxe, lorsqu'il y a erreur ou inexactitude, soit sur le nombre, soit sur la nature des portes et fenêtres imposées; enfin, pour la contribution des patentes, sur la demande en décharge lorsqu'un contribuable non susceptible de patente a été mal à propos compris dans le rôle, et par voie de suite, sur le point de savoir si le commerce, la profession ou l'industrie qu'il exerce, sont soumis au droit de patente.

3° *Dette publique.* — La liquidation de cette dette est placée dans les attributions des ministres qui, chacun dans leur département, statuent sur les réclamations des créanciers de l'Etat. Ils jugent toutes les difficultés relatives à la constitution des rentes inscrites sur le grand livre, au paiement des arrérages ou intérêts, à la liquidation des sommes dues pour travaux, indemnités ou dommages. Ils fixent le mode et les époques du paiement, et en quelles valeurs il doit être fait.

4° et 5° *Pensions et traitements.* — Ce sont encore les ministres qui sont ici compétents pour statuer sur toutes les réclamations relatives au paiement des traitements attachés aux fonctions publiques, soit que la contestation porte sur la liquidation des sommes dues, soit qu'il faille décider si le réclamant a un droit acquis au traitement; pour vérifier les titres sur lesquels se fondent les fonctionnaires pour réclamer des pensions, pour apprécier s'ils remplissent les conditions exigées d'âge et de service. Ils ont le droit de faire l'applicacation des lois sur le cumul des pensions et traitements.

6° *Dettes des communes.* — Une loi du 24 août 1793 a déclaré nationales les dettes des communes antérieures à cette loi; et l'art. 7 de la loi du 20 mars 1843 a inscrit au livre de la dette publique certaines dettes communales. Dès lors, toutes les contestations qui peuvent s'élever soit sur l'existence de la dette elle-même, soit sur sa qualité, ont dû naturellement cesser de faire partie de la compétence de l'autorité judiciaire pour entrer dans le contentieux administratif. Ce sont les ministres qui sont devenus compétents sur ce point pour décider si la dette doit être considérée comme nationale à raison de l'époque à laquelle elle remonte, et lui appliquer les lois de déchéance qui ont pu survenir.

Vu par le président de la thèse,

Dufour.

Cette thèse sera soutenue le 16 janvier 1854, dans une des salles de la Faculté.